So geht's:

Das Beispiel zeigt, wie du mit miniLÜK spielst. Die Übung findest du auf Seite 2 und 3.
Öffne das miniLÜK®-Kontrollgerät und lege den durchsichtigen Boden des Kontrollgerätes auf die untere Übungsseite deines miniLÜK-Heftes.

Nimm Plättchen 1. und sieh dir Aufgabe 1. an.
Hier siehst du eine Blume.
Suche nun dieselbe Form auf der unteren Seite.
Lege dann das Plättchen 1. mit der Ziffer nach oben auf die passende Form auf der unteren Seite.

So spielst du weiter, bis alle 12 Plättchen auf dem durchsichtigen Teil des Kontrollgerätes liegen und keine Bilder mehr zu sehen sind.
Dann schließt du das Kontrollgerät und drehst es um. Wenn du das bei der Übung abgebildete Muster siehst, hast du alles richtig gemacht.

Passen einige Plättchen nicht in das Muster, löst du diese Übungen noch einmal.

Stimmt es jetzt?
Dann nun viel Spaß!

11
12
6
7
2
1
8
3
10
4
5
9

Finde diese Form.

1
2
3
4
5
6
7
8
9
10
11
12

Suche das gleiche Muster.

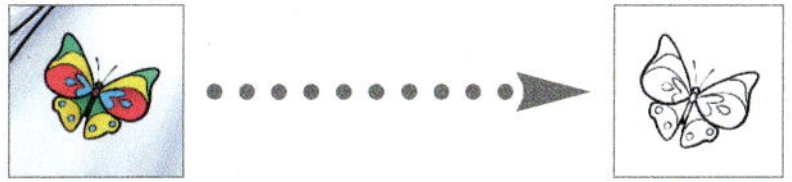

1
2
3
4
5
6
7
8
9
10
11
12

Finde dieselbe Menge.

1
2
3
4
5
6
7
8
9
10
11
12

Finde dieselbe Menge.

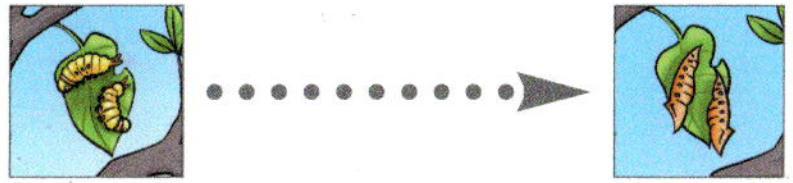

1
2
3
4
5
6
7
8
9
10
11
12

Wo sind mehr?

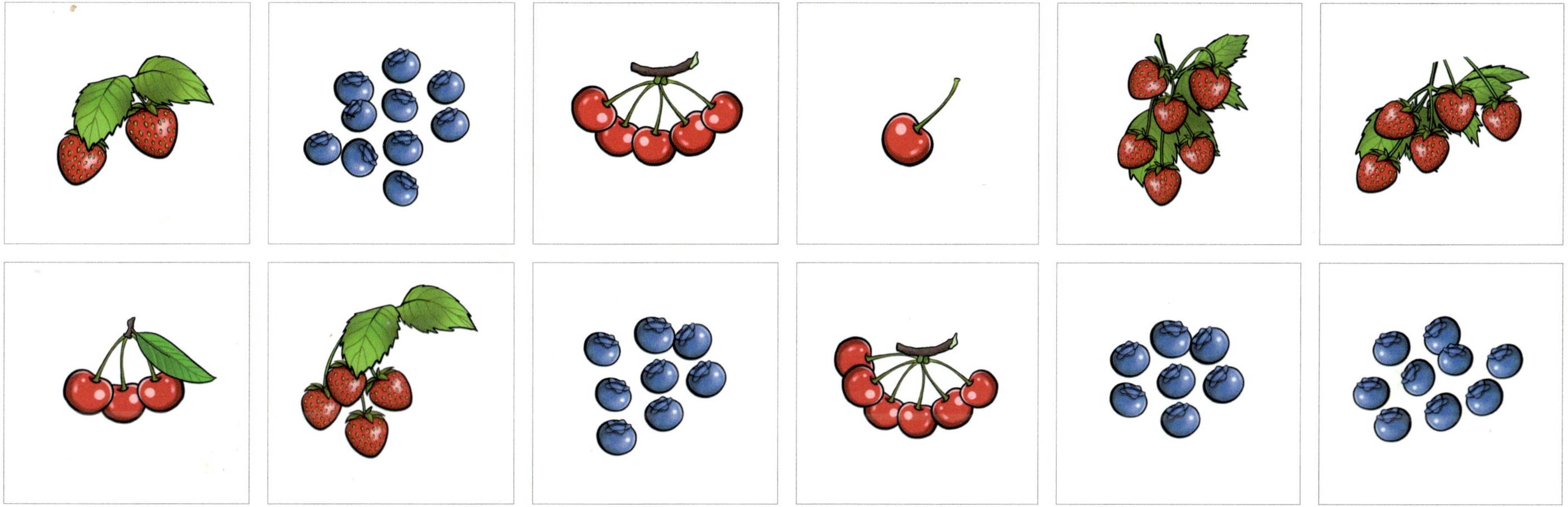

1
2
3
4
5
6
7
8
9
10
11
12

Wie geht es weiter? Bringe die Bilder in die richtige Reihenfolge.

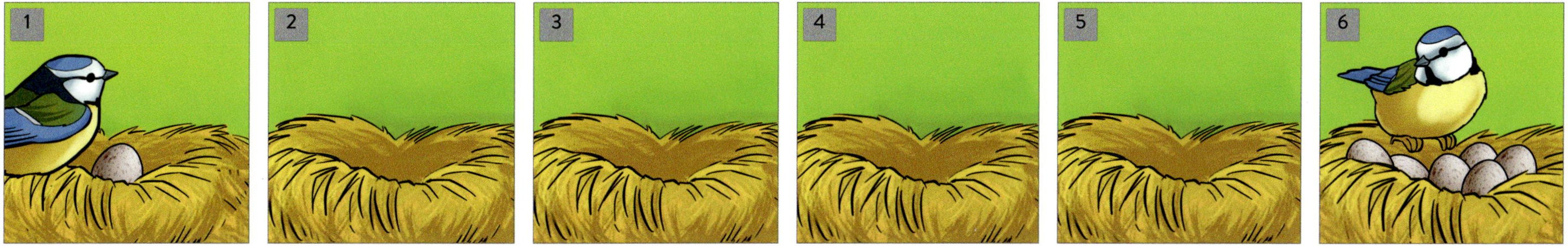

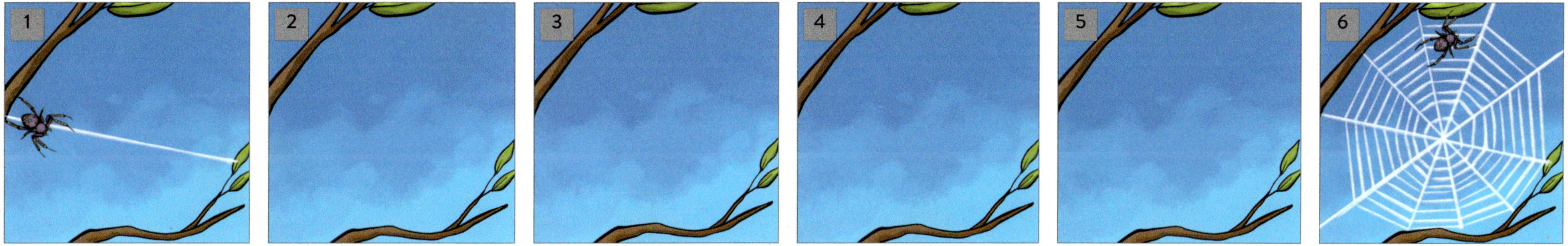

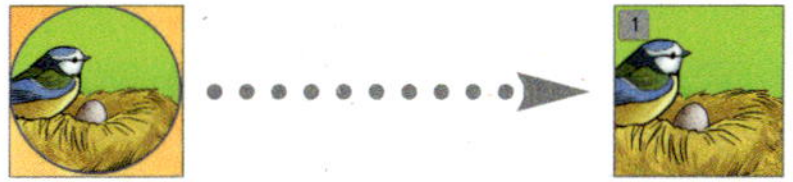

1
2
3
4
5
6
7
8
9
10
11
12

Wie viele sind es?

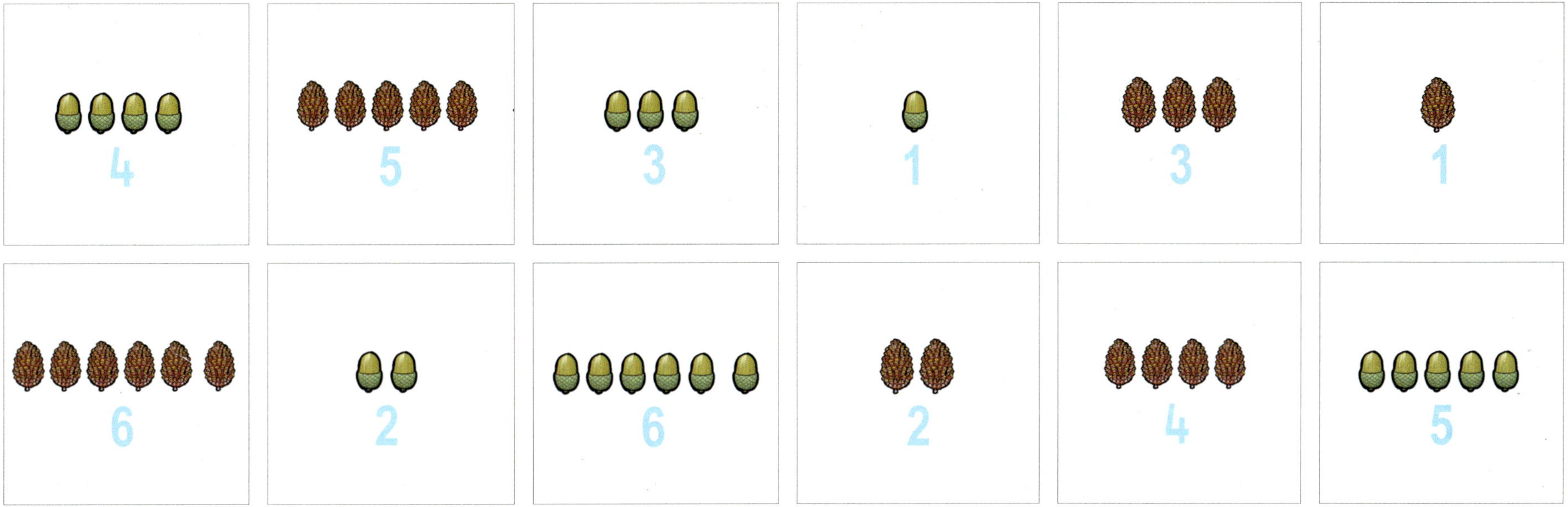

1
2
3
4
5
6
7
8
9
10
11
12

Wie viele sind es?

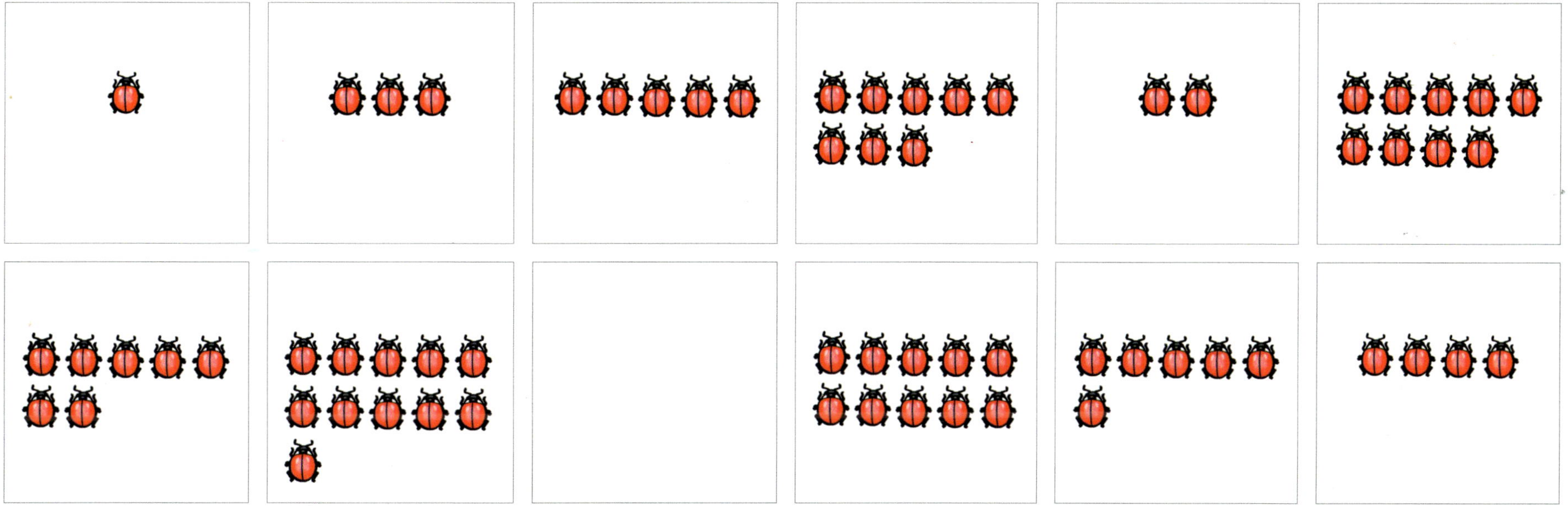

1
2
3
4
5
6
7
8
9
10
11
12

Finde die passende Zahl.

2	12	7	5	1	4
10	9	6	3	11	8

 → 12

1
2
3
4
5
6
7
8
9
10
11
12

Wie viele sind es zusammen?

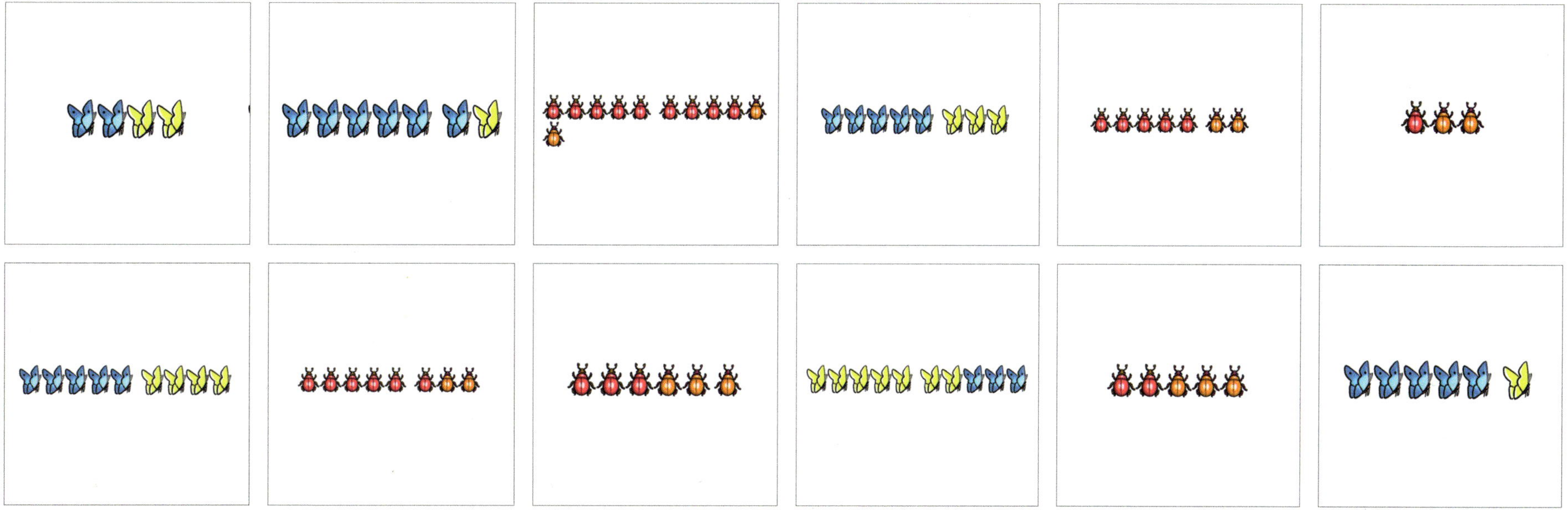

1
2
3
4
5
6
7
8
9
10
11
12

Wie viele bleiben übrig?

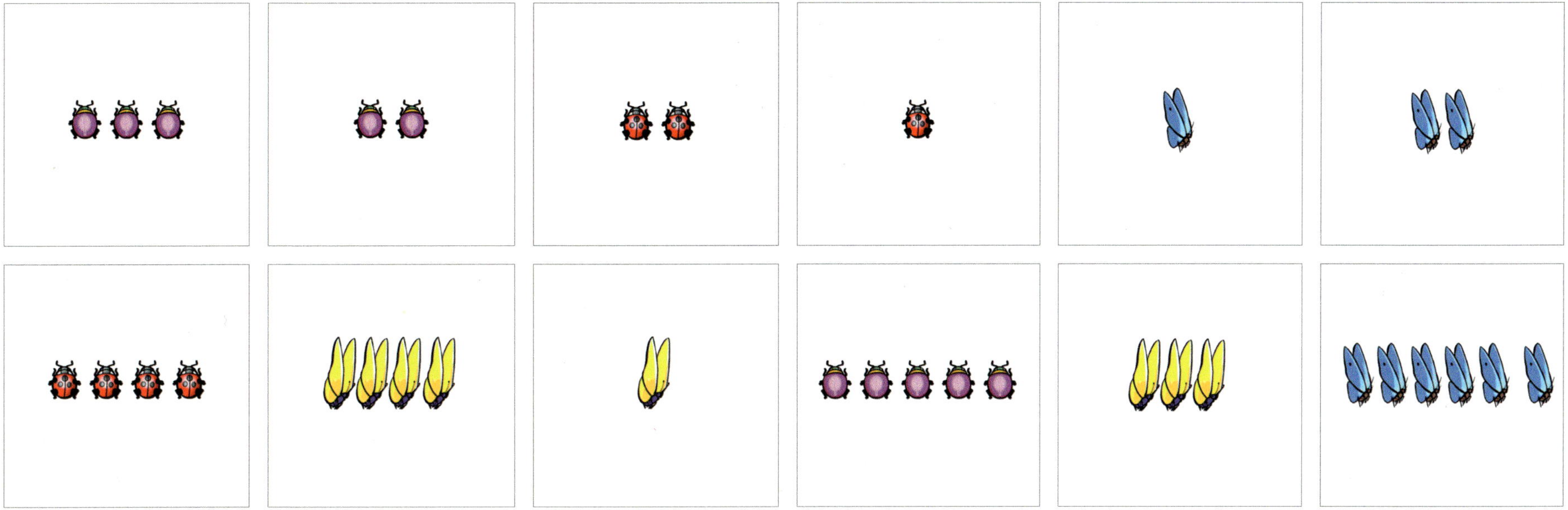

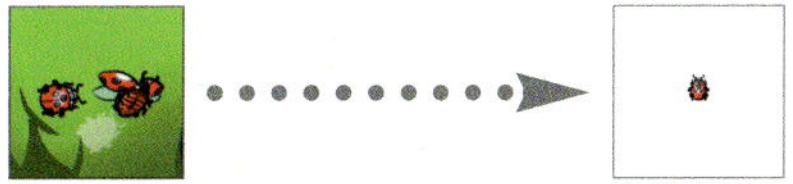

1
1 + 1
2
7 + 1
3
0 + 1
4
6 + 3
5
1 + 2
6
6 + 5
7
2 + 2
8
1 + 5
9
8 + 2
10
3 + 4
11
2 + 3
12
10 + 2

Wie viele sind es zusammen?

3	5	8	11	4	7
1	10	6	12	9	2

2

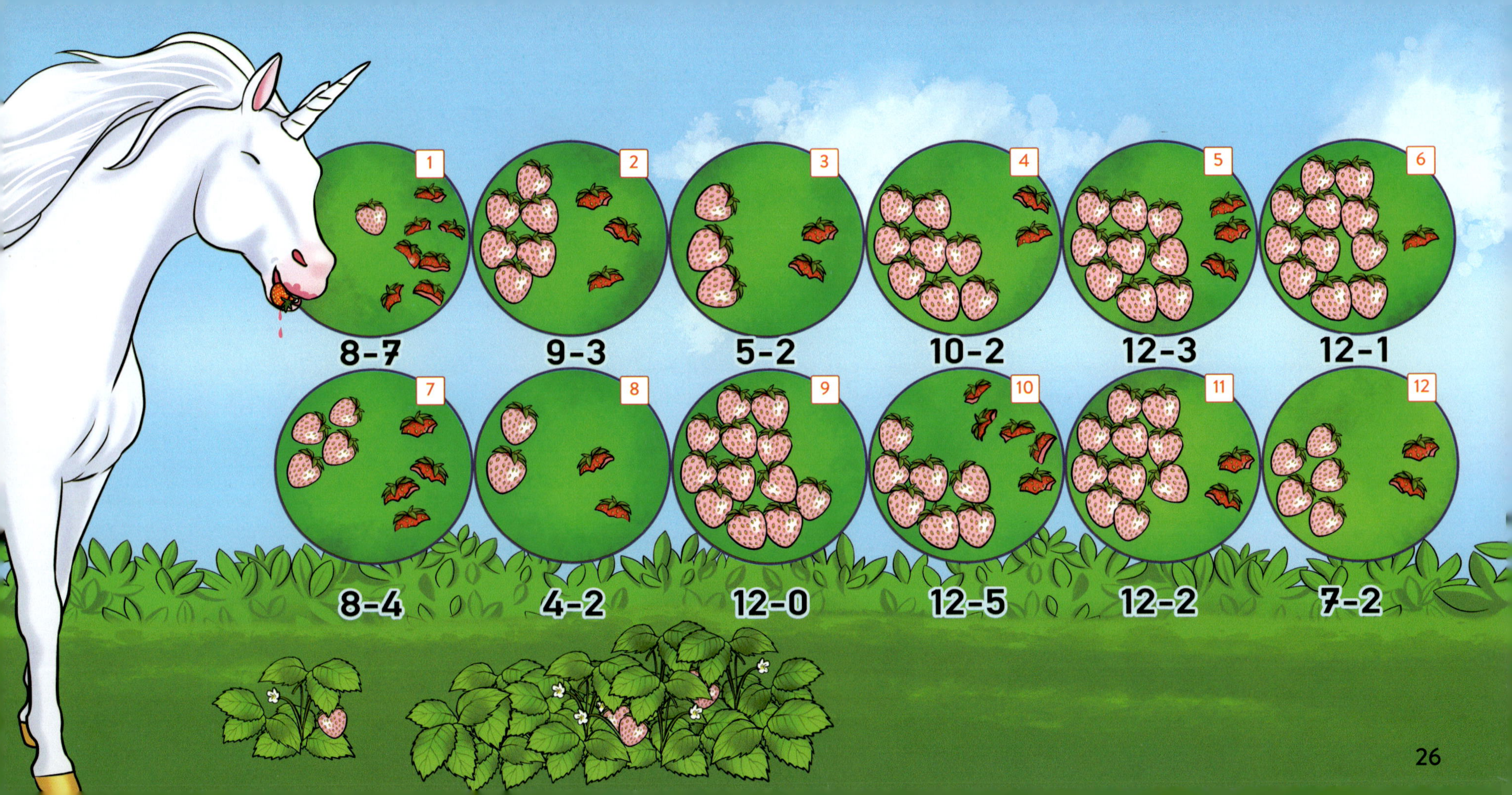
1
8-7
2
9-3
3
5-2
4
10-2
5
12-3
6
12-1
7
8-4
8
4-2
9
12-0
10
12-5
11
12-2
12
7-2

Wie viele bleiben übrig?

3	10	4	7	5	6
9	12	8	1	11	2

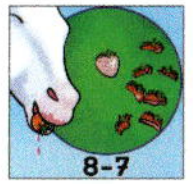

1

1 5-1
2 5+5
3 4+4
4 3-2
5 6+6
6 10-4
7 7-4
8 8-6
9 6+1
10 7+2
11 8+3
12 10-5